청구이의 제3자이의 집행력 배제 강제집행정지 실무 지침서

청구이의의소
강제집행정지
제3자이의의소

편저 : 대한법률콘텐츠연구회

(콘텐츠 제공)

해설 · 최신서식

📖 법문북스

머 리 말

누구나 세상을 살면서 채무를 부담할 수 있습니다.

그 채무에 대한 판결이나 지급명령이 확정되었다고 하더라도 그 채무가 부존재할 수도 있고 판결이나 지급명령 등에 표시된 청구권이 소멸된 사실이나 판결에 표시된 청구권이 변론종결 후에 변제하였거나 서로간의 상계로 소멸되었거나 청구권의 발생 원인이 된 법률행위의 취소 또는 해제사유가 변론종결 후에 발생하여 행사됨으로써 청구권이 소멸한 사실이나 지급명령이나 집행증서(공정증서) 또는 이행권고 결정에 표시된 청구권에 대하여는 기판력이 생기지 않습니다. 따라서 시기의 제한 없이 소멸사유를 주장할 수 있음에도 그 집행권원에 의하여 강제집행을 당하는 분들이 굉장히 많습니다.

모든 종류의 집행권원이 가지는 집행력 자체의 배제를 구하여 영구적으로 소멸시키는 소(訴)를 '청구이의의 소'라고 합니다.

청구이의의 소는 채무자가 채권자를 상대로 제기하는 소송입니다.

확정된 종국판결, 지급명령, 이행권고 결정 등 기타 유효한 집행권원에 표시된 청구권에 대한 실체적 권리관계와 부합하지 아니하는 집행권원의 집행력을 배제하여 부당한 강제집행을 저지함으로써 채무자를 구제하는 제도를 말합니다.

부당한 강제집행을 당한 채무자는 집행권원에 표시되어 있는 청구권에 관하여 생긴 이의를 내세워 그 집행권원이 가지는 집행력의 배제를 구하시면 얼마든지 그 집행권원이 가지는 집행력을 영구히 배제시킬 수 있으므로 채무자는 그 채무에서 자유로울 수 있습니다.

채무자가 지급명령에 대한 이의신청을 하지 못해 확정되었다 하더라도 청구권이 이미 소멸시효가 완성되어 청구권 자체가 소멸되었음을 이의사유로 내세워 채권자를 피고로 하여 청구이의의 소를 제기하고 승소판결을 받으면 확정된 지급명령은 얼마든지 그 집행력을 영구히 배제시킬 수 있으므로 그 채무에서 벗어날 수 있습니다.

한편 아무런 관련이 없는 채권자가 타인의 재산에 채무자의 소유로 알고 압류를 하거나 가압류 등의 집행을 할 수 있습니다.

이러한 경우에도 제3자가 강제집행의 목적물에 대하여 소유권을 주장하거나 목적물의 양도나 인도를 저지하는 권리를 가지고 있는 때에는 채권자를 상대로 그 강제집행에 대하여 이의를 주장하고 집행의 배제를 구하면 얼마든지 강제집행을 저지할 수 있습니다. 권리 침해를 받은 제3자를 구제할 목적으로 한 소(訴)로서 제3자가 원고로 되기 때문에 제3자이의의 소라고 합니다. 따라서 제3자는 집행권원 또는 집행문에 채권자 또는 채무자나 그 승계인으로 표시되어 있지 아니한 분이 해당합니다.

내 재산에 다른 사람이 가압류를 하고 압류를 하거나 강제집행을 할 수 있습니다. 이러한 경우 바로 제3자이의의 소를 제기하여 강제집행의 목적물에 대하여 소유권을 주장하거나 목적물의 양도나 인도를 저지하는 권리를 가지고 있음을 그 채권자를 상대로 그 강제집행에 대하여 이의를 주장하고 집행의 배제를 구하면 강제집행을 저지할 수 있습니다.

청구이의의 소나 제3자이의의 소를 제기하더라도 강제집행은 정지되지 않으므로 청구이의의 소나 제3자이의의 소에 대한 판결이 선고될 까지 잠정처분으로 강제집행을 정지해야 합니다.

갑자기 이러한 일을 당한 경우 법을 모르시는 분들은 당황할 수밖에 없습니다. 절대 당황하지 마시고 본 도서를 읽어만 보시면 혼자서도 청구이의의 소나 제3자이의의 소를 제기하고 소송이 끝날 때까지 강제집행을 정지시킬 수 있습니다. 본 도서에는 소송물 가액을 계산하는 방법과 송달요금 및 관할법원까지 구체적으로 수록하여 법을 모르는 초보자도 혼자 해결할 수 있도록 한 본 도서를 권장하고 싶습니다.

감사합니다.

편저자 드림

차 례

제1절 청구이의 ··· **3**

    1. 이의이유 ·· 4

    2. 이의이유로 할 수 없는 것 ····························· 5

    3. 이의사유의 제한 ··· 5

    4. 이의원인의 동시주장 ······································ 5

    5. 소의 제기절차 ·· 6

    6. 소가산정 및 인지대 계산 ······························ 6

    7. 송달요금 예납 기준 ·· 8

    8. 관할법원 ··· 8

    9. 판결의 효력 ·· 8

제2절 제3자이의 ··· **9**

    1. 이의사유 ··· 10

    2. 소의 제기절차 ··· 11

    3. 소가산정 및 인지대 계산 ······························ 11

    4. 송달요금 예납 기준 ······································· 13

    5. 관할법원 ··· 13

    6. 판결의 효력 ·· 14

제3절 강제집행정지 ································· **15**

   1. 적용범위 ·· 16

   2. 담보제공 ·· 16

   3. 강제집행정지 신청 ·· 17

   4. 관할·재판·명령 ·· 17

   5. 집행정지 ·· 18

   6. 인지대 ·· 18

   7. 송달요금 예납 기준 ··· 18

   8. 신청하는 방법 ··· 19

제4절 청구이의의 소장 최신서식 ····················· **21**

  ■ (1) 청구이의의 소장 - 공사대금 모두 지급하여 이행권고 결정으로 강제
     집행 불허 청구하는 소장 ··································· 21

  ■ (2) 청구이의의 소장 - 대여금 이행권고 결정 일부금액 허가하고 나머지
     강제집행 불허청구하는 소장 ······························· 25

  ■ (3) 청구이의의 소장 - 대여금 변제 소멸된 이행권고 결정으로 강제집행
     을 하여 강제집행 불허 청구하는 소장 ·················· 30

  ■ (4) 청구이의의 소장 - 대여금 완제하여 지급명령에 대한 강제집행의 불
     허를 채무자가 청구하는 소장 ···························· 34

  ■ (5) 청구이의의 소장 - 금전소비대차계약 공정증서 유체동산압류 강제집
     행 불허 청구 하는소장 ·· 38

  ■ (6) 청구이의의 소 - 카드이용대금 지급명령 범죄인이 사용하여 집행배제
     청구하는 소장 ··· 42

제5절 제3자이의의 소장 최신서식 ···················· **51**

- ■ (1) 제3자이의의 소장 - 유체동산가압류 양도담보로 이미 취득 가압류집행 불허를 청구하는 소장 ································ 51

- ■ (2) 제3자이의의 소장 - 매매한 유체동산에 피고가 가압류집행 하여 불허를 청구하는 소송 ································ 56

- ■ (3) 제3자이의의 소장 - 외상물품 소유권을 유보 유체동산가압류 강제집행 불허청구 소장 ································ 61

- ■ (4) 제3자이의의 소장 - 유체동산 양도담보 설정 소유권 취득 강제집행 불허 청구하는 소장 ································ 67

- ■ (5) 제3자이의의 소장 - 생활 집기 매매계약 소유권취득 유체동산가압류 집행 불허 청구하는 소장 ································ 73

- ■ (6) 제3자이의의 소장 - 유체동산 생활 집기 소유권취득 유체동산 압류 집행 불허 청구하는 소장 ································ 79

제6절 강제집행정지신청서 최신서식 ···················· **85**

- ■ (1) 강제집행정지신청서 - 청구이의의 소 판결 선고 시까지 부동산 강제경매 집행정지신청 ································ 85

- ■ (2) 강제집행정지신청서 - 청구이의의 소 판결 선고 시까지 유체동산 강제집행정지신청 ································ 90

- ■ (3) 강제집행정지신청서 - 제3자이의의 소 판결 선고 시까지 유체동산에 대한 강제집행정지신청 ································ 94

- ■ (4) 강제집행정지신청서 - 제3자이의의 소 판결 선고 시까지 유체동산에 강제집행정지신청 ································ 99

청구이의 제3자이의 강제집행정지

제1절 청구이의 /3

제2절 제3자이의 /9

제3절 강제집행정지 /15

제4절 청구이의의 소장 최신서식 /21

제5절 제3자이의의 소장 최신서식 /51

제6절 강제집행정지신청서 최신서식 /85

제1절 청구이의

　청구에 관한 이의의 소를 가리켜 실무에서는 통상 '청구이의의 소'라고 부르고 있습니다. 청구이의의 소는 채무자가 채권자를 상대로 제기하는 소송입니다. 확정된 종국판결, 기타 유효한 집행권원에 표시된 청구권에 대한 실체적 권리관계와 부합하지 아니하는 집행권원의 집행력을 배제하여 부당한 집행을 저지함으로써 채무자를 구제하는 제도를 말합니다.

　집행권원에 표시되어 있는 청구권에 관하여 생긴 이의를 채무자가 내세워 그 집행권원이 가지는 집행력의 배제를 구하는 소송이라고 해서 이를 '청구이의의 소'라고 부릅니다.

　청구이의의 소는 집행권원의 내용이 금전채권을 위한 집행이건 비금전채권을 위한 집행이건 불문하고 채무자가 다툴 수 있습니다.

　또한 집행권원이 어떠한 종류의 것이건 묻지 않습니다.

　그러나 이미 집행된 개개의 집행행위의 불허를 구하는 것이나 가집행선고있는 종국판결과 같은 미확정인 집행권원에 대한 취소 또는 변경을 구할 수 없습니다. 가집행선고 있는 종국판결에 대해서는 항소 또는 상소에 의하여 얼마든지 이의가 허용되기 때문입니다.

1. 이의이유

청구이의의 소로 주장할 수 있는 것으로 집행력 있는 청구권의 전부나 일부의 존재를 다투어 승소판결에 의하여 집행권원의 집행력을 영구적 또는 일시적으로 배제하는 것을 비롯하여 이행의무의 태양으로서의 조건이나 기한을 다투어 연기적으로 이를 저지하는 것이 있습니다.

채무의 변제, 화해, 면제, 갱개, 상계, 공탁, 집행청구권의 양도, 채무자의 파산 등과 같이 채무의 소멸 내지 권리이전의 원인이 되는 사실을 주장하여 집행력 있는 청구권의 전부나 일부의 존재를 다투어 승소판결에 의하여 집행권원의 집행력을 영구적 또는 일시적으로 배제할 수 있습니다.

이행조건의 변경, 기한의 유예, 연기의 합의 같은 사실을 내세워 조건이나 기한을 다투어 연기적으로 이를 저지할 수 있습니다. 이는 집행권원이 확정판결과 같이 기판력이 있는 경우입니다. 집행권원이 지급명령이나 집행증서(공정증서)와 같이 기판력이 없는 경우에는 청구권의 불성립이나 소멸시효 또는 무효도 청구이의의 소에 대한 이의이유로 할 수 있습니다.

이행판결이 그 확정에 의하여 집행력이 발생하고 그 후 확정의 청구가 변제, 상계, 기타의 이유로 인하여 소멸이 되었다 하여도 청구이의의 소에 의하여 그 집행력이 배제되지 아니하는 한 그 판결에 의한 강제집행을 할 수 있습니다. 그러므로 부동산강제경매 진행 중 채무자가 그 집행에 대한 기본인 집행권원에 표시된 채권의 변제공탁이 있음을 이유로 집행권원의 집행력 자체의 배제를 구하려면 청구이의의 소나 제3자 이의의 소를 제기하여 집행 불허의 승소판결을 받아 이를 서면으로 제출하며 집행을 정지시키고 강제경매개시결정에 대한 이의신청을 하여야 합니다. 이는 강제경매개시결정에 대한 이의사유는 절차상의 위법을 이유로 하는 것에 한하고 실체상의 이유로는 이의를 할 수 없기 때문입니다. 그러나 담보권실행에 의한 임의경매의 경우 절차상의 위법이나 실체상의 위법사유 모두 이의사유로 할 수 있으므로 바로 경매개시결정에 대한 이의신청을 할 수 있습니다.

2. 이의이유로 할 수 없는 것

이의이유로 할 수 없는 것은 집행권원의 부존재나 집행권원의 불명확이나 집행권원 성립절차에 대한 불비 등에 대해서는 청구이의의 소에 대한 이의사유로 할 수 없습니다.

3. 이의사유의 제한

이의는 그 이유가 변론이 종결된 뒤(변론 없이 한 판결의 경우에는 판결이 선고된 뒤)에 생긴 것에 한하여 할 수 있습니다. 이와 같이 이의사유를 제한하는 것은 변론종결 시를 기준으로 확정된 권리관계를 변론종결 이전의 사유를 들어 다투는 것이 확정판결의 기판력에 저촉되기 때문입니다.

지급명령, 집행증서(공정증서) 및 배상명령, 소송비용확정결정에 있어서는 이의사유의 제한에 따르지 않습니다. 따라서 변론종결전에 생긴 사유로도청구이의의사유로 할 수 있습니다.

4. 이의원인의 동시주장

여러 개의 이의원인이 있는 때에는 동시에(예컨대 '같은 소송에서' 라는 의미입니다) 주장하여야 합니다. 따라서 청구취지에서 전부의 청구권에 대한 청구이의의 소인가, 일부에 대한 청구이의의 소인가를 명확히 기재하여야 할 필요가 있습니다.

그렇다고 이의원인 전부를 기재하여야 하는 것은 아니고 여러 개의 이의원인을 하나의 청구이의의 소로써 주장하시면 됩니다.

청구원인에 대하여도 각 청구권에 떠른 이의원인을 따로 따로 밝혀 소송물의 범위를 명확히 하여야 합니다. 이의원인의 주장은 제2심(항소심)의 변론종결에 이르기까지 다른 이의원인을 얼마든지 추가로 주장할 수 있습니다.

5. 소의 제기절차

청구이의의 소도 일종의 소(訴)이므로 소의 신청절차와 같이 반드시 서면에 의하여야 합니다. 청구이의의 소는 집행권원의 집행력의 배제를 목적으로 하는 소이므로 이의 있는 청구에 관하여 집행권원이 성립하고, 유효하게 존속하는 이상 언제든지 청구이의의 소를 제기할 수 있습니다.

집행문 부여 전에도 청구이의의 소를 제기할 수 있습니다.

그러나 집행이 완결된 뒤에는 집행권원의 집행력 배제는 의미가 없으므로청구이의의 소를 제기할 수 없습니다. 다만, 강제집행이 종료되어 채권자가만족을 얻게 된 경우에는 채무자로서는 (1)부당이득금반환청구 (2)불법행위로 인한 손해배상청구의 소(訴)로 변경하거나 처음부터 소송을 제기할 수 있습니다.

6. 소가산정 및 인지대 계산

소송목적의 값(소가)은 청구이의의 소로 주장하는 이익을 기준으로 계산하여 정합니다. 따라서 채무의 소멸 등을 청구이의사유로 하여 영구적인 집행력의 배제를 구하는 경우에는 집행권원에서 인정된 권리의 가액에 의하여 정한 금액을 아래와 같이 산출한 인지액을 붙이거나 현금으로 납부하고 그 납부서를 청구이의의 소장에 첨부하시면 됩니다.

소송목적의 값이 1,000만 원 미만,

소가×0.005=인지,

소송목적의 값이 1,000만 원 이상

1억 원 미만,

소가×0.0045+5,000=인지,

소송목적의 값이 1억 원 이상

10억 원 미만,

소가×0.0040+55,000=인지,

소송목적의 값이 10억 원 이상

청구금액 제한없음,

소가×0.0035+555,000=인지,

첨부하여야 할 인지액이 1천 원 미만의 경우에는 1천 원의 인지를 붙이고, 1천 원 이상일 경우에는 1백 원 미만의 단수는 계산하지 않고, 1만 원 이상일 때는 현금으로 납부하고 그 납부서를 청구이의의 소장에 첨부하여 법원에 제출하시면 됩니다.

7. 송달요금 예납 기준

송달요금 1회분은 2021. 09. 01.부터 금 5,200원으로 인상된 금액입니다. 청구이의의 소장에는 송달요금을 원고 1인, 피고 1인을 기준으로 하여 각 15회분씩 총 30회분 금 156,000원의 송달요금을 예납하시고 그 납부서를 위 인지대 납부서와 같이 청구이의의 소장에 첨부해 법원에 제출하시면 더 이상 들어가는 비용은 없습니다.

8. 관할법원

집행권원이 확정판결인 경우에는 관할법원이 제1심 판결법원의 전속관할입니다. 항고로만 불복할 수 있는 재판의 경우에는 그 재판을 한 제1심 법원의 전속관할에 속합니다.

확정된 지급명령의 경우에는 청구이의의 소에 대한 관할법원은 그 명령을 내린 지방법원(지방법원지원 포함)의 관할에 속하고, 그 청구가 단독사건의 경우 단독재판부가 합의사건의 경우 합의부가 재판합니다.

집행증서(공정증서)의 청구이의의 소에 대한 관할법원은 채무자의 보통재판적이 있는 곳의 법원이 관할법원입니다.

9. 판결의 효력

청구이의의 소에 대한 판결이 확정되면 채무자는 그 정본을 집행기관에제출하여야 비로소 집행의 개시 또는 속행이 중지되고, 이미 취해진 집행처분의 취소도 구할 수 있습니다.

제2절 제3자이의

　제3자이의의　소는 제3자가 강제집행의 목적물에　대하여 소유권을 주장하거나 목적물의 양도나 인도를 저지하는 권리를　가지고　있는　때에는 채권자를　상대로　그 강제집행에　대하여 이의를 주장하고 집행의 배제를 구하는　소를　가리켜 '제3자이의의 소' 라고　합니다.

　권리 침해를　받은 제3자를 구제할 목적으로　한 소(訴)로서 제3자가 원고로　되기　때문에 제3자이의의 소라고　부릅니다.

　따라서 제3자는　집행권원 또는 집행문에 채권자 또는 채무자나　그　승계인으로 표시되어　있지　아니한 자를　말합니다.

　한편　제3 자이의의　소는　모든 재산권을 대상으로　하는 집행에　대하여 적용됩니다.

1. 이의사유

제3자이의 소에 대한 목적은 강제집행으로 인하여 권리침해를 받은 제3자를 구제하는 데 있으므로 그 이의사유도 제3자가 강제집행의 목적물에 대하여 소유권을 주장하거나 목적물의 양도나 인도를 저지할 수 있는 권리를 가집니다.

따라서 실무에서도 마찬가지로 제3자가 집행목적물에 대한 소유권을 가지고 있다는 것이 이의사유로 가장 많이 주장하고 있습니다. 그러나 소유권이전등기청구권은 이에 해당하지 않습니다.

집행된 집행목적물에 대하여 소유권 기타 목적물의 양도나 인도를 저지하는 권리를 주장함으로써 그에 대한 집행의 배제를 구하는 것이기 때문에 압류채권자에 대한 우선적지위에 대항할 수 있어야 합니다.

따라서 압류가 있은 후에 취득한 권리라 하더라도 압류채권자에게 대항할 수 있는 경우라면 제3자이의의 소(訴)를 얼마든지 제기할 수 있습니다. 제3자이의의 소에 있어서의 목적물의 양도나 인도를 저지하는 권리에는 양도담보채권 또는 점유권도 여기에 포함됩니다. 그러나 부동산에 대하여 가등기를 한 것만 가지고서는 제3자이의의 소를 제기할 수 없습니다.

실무에서는 이를 청구이의 '제3자이의' 라고 부릅니다.

2. 소의 제기절차

제3자이의의 소도 일종의 소(訴)이고 소송절차는 통상의 소의 절차와 동일하므로 반드시 서면(소장)에 의하여야 합니다.

청구원인에는 이의의 원인인 집행목적물의 양도 또는 인도를 저지하는 권리 발생 사실을 구체적으로 기재하여야 합니다. 제3자이의의 소는 침해될 가능성이 있는 제3자의 모든 권리 및 재산에 대하여 제기할 수 있습니다.

따라서 청구권의 종류나 집행의 대상을 가리지 않습니다. 그러므로 금전채권집행이건, 비금전채권집행이건, 본집행이건, 가집행이건, 보전집행이건, 유체동산이건, 부동산이건, 집행기관에서 집행하건, 집행법원이건, 묻지 않습니다.

제3자이의의 소에 있어서는 반소를 제기할 수 있습니다.

3. 소가산정 및 인지대 계산

소송목적의 값(소가)은 집행권원에서 인정된 권리의 가액을 한도로 한 원고의 권리의 기액을 기준으로 합니다.

소유권인 때에는 그 물건의 가액, 점유일 때에는 그 물건 가액의 3분의1, 지상권일 때에는 그 물건 가액의 2분의1로 합니다.

인지액은 아래와 같이 산출한 인지액을 붙이거나 현금으로 납부하고 그 납부서를 제3자이의의 소장에 첨부하시면 됩니다.

소송목적의 값이 1,000만 원 미만,

소가×0.005=인지,

소송목적의 값이 1,000만 원 이상

1억 원 미만,

소가×0.0045+5,000=인지,

소송목적의 값이 1억 원 이상

10억 원 미만,

소가×0.0040+55,000=인지,

소송목적의 값이 10억 원 이상

청구금액 제한없음,

소가×0.0035+555,000=인지,

붙여야 할 인지액이 1천 원 미만의 경우에는 1천 원의 인지를 붙이고, 1천 원 이상일 경우에는 1백 원 미만의 단수는 계산하지 않고, 1만 원 이상일 때는 현금으로 납부하고 그 납부서를 제3자이의의 소장에 첨부하여 법원에 제출하시면 됩니다.

4. 송달요금 예납 기준

송달요금 1회분은 2021. 09. 01.부터 금 5,200원으로 인상된 금액입니다. 제3자이의의 소장에는 송달요금을 원고 1인, 피고 1인을 기준으로 하여 각 15회분씩 총 30회분 금 156,000원의 송달요금을 예납하시고 그 납부서를 위 인지대 납부서와 같이 제3자이의의 소장에 첨부해 법원에 제출하시면 더 이상 들어가는 비용은 없습니다.

5. 관할법원

제3자이의의 소는 집행법원이 관할합니다. 다만, 소송물이 단독판사의 관할에 속하지 아니하는 때에도 집행권원이 있는 곳을 관할하는 지방법원(지방법원 지원 포함) 합의부가 관할합니다.

대체집행의 경우에는 그 결정을 한 수소법원이 아니고 목적물 소재지를 관할하는 지방법원(지방법원지원 포함)이 집행법원으로서 제3자이의의 소의관할법원이 됩니다.

부동산에 대한 가압류의 집행법원은 가압류재판을 한 법원이, 채권가압류의 집행법원은 가압류명령을 한 법원이 부동산처분금지가처분의 집행법원은 그 보전처분을 한 법원이 관할권이 있습니다.

유체동산에 대한 보전처분의 집행법원은 법률에 특별히 지정되어 있지 아니하므로 집행절차를 실시한 곳 또는 실시할 곳을 관할하는 지방법원(지방법원지원 포함)이 됩니다.

6. 판결의 효력

이의가 있다고 인정될 때에는 제3자가 주장하는 피 압류재산에 대하여 강제집행을 불허합니다. 따라서 법원은 이미 발한 명령을 취소, 변경하게 됩니다. 그러나 판결이 확정되더라도 집행이 당연히 실효되는 것이 아니고 원고가 그 재판의 정본을 집행기관에 제출하여야 비로소 집행이 종국적으로 정지되거나 집행처분이 취소됩니다.

제3절 강제집행정지

강제집행정지는 청구이의의 소 또는 제3자이의의 소에 대한 판결의 선고시까지 강제집행을 정지시킨다고 해서 부르는 것이지만 법적으로는 '잠정처분'이라고 합니다. 다음부터는 편의상 '강제집행정지' 라고 줄여 쓰겠습니다.

강제집행정지는 채무자를 구제하기 위하여 규정된 제도로서 이의를 주장한 사유가 법률상 정당한 이유가 있다고 인정될 때, 채무자의 신청에 의하여청구이의의 소 또는 제3자이의의 소에 대한 종국판결이 있을 때까지 잠정적으로 강제집행을 정지케 하는 제도입니다.

청구이의의 소와 제3자이의의 소에 대한 이의의 소는 소를 제기하더라도 강제집행의 개시, 속행에는 아무런 영향을 미치지 아니합니다. 따라서 이의를 제기한 자가 그 이의의 소의 판결이 있을 때까지 강제집행의 정지를 구하려면 법원에 잠정처분신청을 하고 그 정지서류를 집행기관에 제출하여야 비로소 집행이 정지됩니다.

1. 적용범위

강제집행정지신청(잠정처분신청)은 청구이의의 소, 집행문부여에 대한 이의의 소, 제3자이의의 소에 한하여 강제집행정신청(잠정처분)의 신청을 할 수 있습니다.

2. 담보제공

강제집행정지(잠정처분)은 수소법원이 발하는 명령으로써 청구이의의 소 또는 제3자이의의 소에 주장한 사유가 법률상 이유가 있다고 인정되고 그 사실에 대한 소명이 있는 경우에 수소법원은 담보를 제공하게 하거나 담보를 제공하게 하지 아니하고 판결이 있을 때까지 강제집행의 정지를 명할 수 있고 또는 담보를 제공하게 하고 집행의 속행을 명하거나 실시한 집행처분의 취소를 명할 수 있습니다.

다만, 제3자 이의의 소에서는 담보를 제공하게 하지 아니하고 집행처분의 정지, 취소명령을 하며 정지, 취소는 원고가 주장하는 피 압류재산에 대한 집행에만 한정되고 집행권원에 기한 집행의 일반적 정지, 취소는 허용되지 않습니다.

담보액은 강제집행정지(잠정처분)의 내용에 따라 담보의 목적을 고려하여법원이 재량에 따라 정하나 일반적으로 채무액전액에 상당하는 현금으로 담보의 제공을 명하고 있습니다.

지급보증위탁계약(보증보험증권)을 체결한 문서의 제출에 의한 담보제공은 허용되지 않으나 법원의 재량으로 허용할 수도 있습니다.

3. 강제집행정지 신청

강제집행정지(잠정처분)의 신청은 청구이의의 소 또는 제3자이의의 소를 제기하면서   또는 제기한 후에 신청하여야 합니다. 청구이의의   소 또는 제3자이의의   소의 제기가 없는 상태에서 신청을 한 때에는 부적법하므로 각하됩니다.

반드시 청구이의의 소 또는 제3자이의의 소 청구이의의 소를 제기한 소제기증명원을 제출하여야 합니다.

강제집행정지(잠정처분)신청서에는 이의를 주장한 사유가   법률적 정당한 이유가 있다고 인정되고 사실에 대한 소명이 있어야 합니다.

4. 관할·재판·명령

강제집행정지(잠정처분)의 재판은 청구이의의 소나 제3자이의의 소의 계속법원인 수소법원이 합니다. 하급심일 수도 있고 상급법원일 수도 있습니다. 그러나 급박한 경우에는 재판장이나 집행법원도 그 권한을 행사할 수 있습니다. 집행법원이 권한을 행사할 때에는 동시에 수소법원의 재판서를 제출하게 하기 위하여 상당한 기간을 정하여야 하고, 그 기간을 넘긴 때에는 채권자의 신청에 따라 강제집행을 계속해서 진행합니다.

청구이의의 소 또는 제3자이의의 소를 제기하지 아니하고 한 강제집행정지신청 (잠정처분신청)은 부적법하여 각하됩니다.

5. 집행정지

채무자는 강제집행정지신청의 재판 정본을 집행기관에 제출하여 집행의 정지를 신청함으로써 비로소 집행이 정지됩니다. 담보를 제공한 때에는 그 제공증명서를 함께 제출하여야 합니다.

실무에서는 강제집행정지 및 취소 정본을 제출할 때 정지 및 취소신청서를 별도 작성하여 제출하나 이를 생략하고 위 정본만을 제출하여도 무관합니다. 따라서 판결이 있을 때까지 강제집행이 정지됩니다.

판결이 있을 때까지는 청구이의의 소 또는 제3자이의의 소에 대하여 본안판결이 있을 때까지를 말하나, 판례는 본안판결확정시라고 정하여도 위법이 아니라고 합니다.

6. 인지대

강제집행정지(잠정처분)신청에는 인지 1,000원을 붙이거나 현금으로 납부하고 그 납부서를 강제집행정지신청(잠정처분)서에 첨부하시면 됩니다.

7. 송달요금 예납 기준

송달요금 1회분은 2021. 09. 01.부터 금 5,200원으로 인상된 금액입니다. 강제집행정지(잠정처분)신청에는 송달요금을 신청인 1인, 피신청인 1인을 기준으로 하여 각 2회분씩 총 4회분 금 20,800원의 송달요금을 예납하시고 그 납부서를 위 인지대 납부서와 같이 강제집행정지신청(잠정처분신청)서에 첨부해 법원에 제출하시면 더 이상 들어가는 비용은 없습니다.

8. 신청하는 방법

　청구이의의 소나 제3자이의의 소는 본안사건이고 강제집행지신청(잠정처분신청)은 신청사건이므로 강제집행정지신청을 하기 위해서는 먼저 청구이의의 소나 제3자이의의 소를 접수하면서 같이 소제기증명원을 발급받아 강제집행정지신청서에 첨부하고 민사신청과에 별도로 신청하여야 합니다.

　신청서를 익일 오전에 접수한 경우 다음날 오전 중으로 담보제공명령이 내려오고 담보제공을 하시면 그 다음날 오전 중으로 강제집행정지명령이 내려오면 강제집행정지명령을 수령하여 집행기관에 제출하고 집행정지신청을 하시면 바로 강제집행이 정지가 됩니다.

제4절 청구이의의 소장 최신서식

(1) 청구이의의 소장 - 공사대금 모두 지급하여 이행권고 결정으로 강제집행 불허 청구하는 소장

소   장

원   고 :   ○   ○   ○

피   고 :   ○   ○   ○

청구이의의 소

소송물 가액금	금	35,000,000	원
첨부할 인지액	금	162,500	원
첨부한 인지액	금	162,500	원
납부한 송달료	금	156,000	원
비 고			

대구지방법원 서부지원 귀중

소   장

1. 원고

성 명	○ ○ ○	주민등록번호	생략
주 소	대구시 달서구 장산남로 ○○, ○○○-○○○호		
직 업	상업	사무실 주 소	생략
전 화	(휴대폰) 010 - 1567 - 0000		
기타사항	이 사건 채무자입니다.		

2. 피고

성 명	○ ○ ○	주민등록번호	생략
주 소	대구시 수성구 동대구로 ○○○, (범어동 ○○○호)		
직 업	건축업	사무실 주 소	생략
전 화	(휴대폰) 010 - 9876 - 0000		
기타사항	이 사건 채권자입니다.		

3.청구이의의 소

청구취지

1. 피고의 원고에 대한 대구지방법원 서부지원 ○○○○가단○○○○호 집행력 있는 이행권고결정정본에 기한 강제집행은 이를 불허한다.

2. 위 제1항 기재의 집행력 있는 이행권고결정정본에 기한 강제집행은 이를 판결확정시까지 정지한다.

3. 소송비용은 피고의 부담으로 한다.

라는 판결을 구합니다.

청구원인

1. 피고의 원고에 대한 대구지방법원 서부지원 ○○○○가단○○○○호 공사대금청구의 사건에 대하여 ○○○○. ○○. ○○. 이행권고결정이 되었고, 위 이행권고결정서에서 피고로부터 원고가 공사대금 ○○,○○○,○○○원을 지급할 것을 전제로 하여 청구하고 있는데 원고는 피고에게 위와 같은 공사대금을 모두 지급하였으므로 지급할 사유가 없습니다.

2. 한편, 원고는 위 이행권고결정서를 노모님이 송달받았으나 원고에게 미쳐 전달하지 않는 바람에 원고로서는 이행권고결정이 있었다는 사실 또한 전혀 모르고 이행권고결정에 대하여 이의신청을 하지 못함으로서 ○○○○. ○○. ○○. 이행권고결정은 확정되었습니다.

3. 그러므로 피고가 위 이행권고결정에 기하여 원고의 재산에 대한 강제집행을 실시하고 있으므로 민사소송법 제505조, 제521조 제2항에 따라 청구이의의 소를 제기하는 바입니다.

소명자료 및 첨부서류

1. 갑 제1호증   이행권고결정서

1. 갑 제2호증   유체동산경매시일 통지서

1. 기타 참고자료

○○○○ 년 ○○ 월 ○○ 일

위 원고 : ○　○　○　　(인)

대구지방법원 서부지원 귀중

(2) 청구이의의 소장 - 대여금 이행권고 결정 일부금액 허가하고 나머지 강제집행 불허청구
하는 소장

소   장

원   고 : ○   ○   ○

피   고 : ○   ○   ○

청구이의의 소

소송물 가액금	금	15,000,000 원
첨부할 인지액	금	72,500 원
첨부한 인지액	금	72,500 원
납부한 송달료	금	156,000 원
비 고		

청주지방법원 충주지원 귀중

소 장

1. 원고

성 명	○ ○ ○	주민등록번호	생략
주 소	충청북도 충주시 ○○로 ○○, ○○○-○○○호		
직 업	농업	사무실 주 소	생략
전 화	(휴대폰) 010 - 2389 - 0000		
기타사항	이 사건 채무자입니다.		

2. 피고

성 명	○ ○ ○	주민등록번호	생략
주 소	충청북도 충주시 ○○로 ○○, ○○○-○○○호		
직 업	상업	사무실 주 소	생략
전 화	(휴대폰) 010 - 3377 - 0000		
기타사항	이 사건 채권자입니다.		

3. 청구이의의 소

청구취지

1. 피고의 원고에 대한 청주지방법원 충주지원 ○○○○가단○○○○호 대여금 청구사건의 집행력 있는 이행권고결정에 기한 강제집행은 2,000,000원을 초과하는 부분에 관하여는 이를 허가하지 아니한다.

2. 소송비용은 피고의 부담으로 한다.

라는 판결을 구합니다.

청구원인

1. 피고는 원고에 대하여 15,000,000원의 채권이 있다고 주장하며 ○○○○. ○○. ○○.에 청주지방법원 충주지원 ○○○○가소○○○○호 대여금사건의 집행력 있는 이행권고결정에 기하여 원고 소유의 유체동산을 압류하였습니다.

2. 원고는 ○○○○. ○○. ○○. 평소 거래관계로 친분이 있는 피고로부터 15,000,000원을 거래처의 긴급한 결제자금으로 사용하고 같은 해 ○○. ○○.까지 갚기로 하되 이자는 지급하지 않기로 상호 약정하여 빌린 사실이 있습니다.

3. 그러나 원고의 사업이 부진하여 위 차용한 돈을 갚지 못하자 피고가 원고에 대하여 위 돈의 지급을 구하는 대여금 청구의 소를 제기하여 청주지방법원 충주지원 ○○○○가소○○○○호 대여금청구 사건에서 이행권고결정이 있었으나 원고가 깜박하고 이행권고결정에 대한 이의신청을 하지 못하여 확정되었는데 이에 원고는 피고에게 ○○○○. ○○. ○○. 금 13,800,000원을 지급하면서 이후에는 2,000,000원을 갚기만 하면 동시에 위 이행권고결정을 원고에게 교부하고 그로써 모든 채권·채무관계는 소멸

되는 것으로 하자는 내용의 합의서를 주고받았습니다.

4. 그런데 피고는 위와 같은 집행력 있는 이행권고결정을 소지하고 있음을 기화로 이행권고결정서 상의 청구금액 금 15,000,000원 전액에 대하여 ○○ ○○. ○○. ○○. 원고 소유의 유체동산을 압류하고 경매하려고 하므로 부득이 청구취지와 같은 판결을 구하고자 이 사건 소를 제기하기에 이른 것입니다.

소명자료 및 첨부서류

1. 갑 제1호증   이행권고결정서

1. 갑 제2호증   합의서

○○○○ 년 ○○ 월 ○○ 일

위 원고 : ○ ○ ○   (인)

청주지방법원 충주지원 귀중

(3) 청구이의의 소장 - 대여금 변제 소멸된 이행권고 결정으로 강제집행을 하여 강제집행
     불허 청구하는 소장

소   장

원   고 : ○   ○   ○

피   고 : ○   ○   ○

청구이의의 소

소송물 가액금	금	25,000,000	원
첨부할 인지액	금	117,500	원
첨부한 인지액	금	117,500	원
납부한 송달료	금	156,000	원
비 고			

광주지방법원 목포지원 귀중

소 장

1. 원고

성 명	○ ○ ○	주민등록번호	생략
주 소	목포시 ○○로 ○○, ○○○-○○○호		
직 업	상업	사무실 주 소	생략
전 화	(휴대폰) 010 - 1567 - 0000		
기타사항	이 사건 채무자입니다.		

2. 피고

성 명	○ ○ ○	주민등록번호	생략
주 소	목포시 ○○로길 ○○○, (범어동 ○○○호)		
직 업	상업	사무실 주 소	생략
전 화	(휴대폰) 010 - 9876 - 0000		
기타사항	이 사건 채권자입니다.		

3. 청구이의의 소

청구취지

1. 피고의 원고에 대한 광주지방법원 해남지원 ○○○○가소○○○○호 집행력 있는 이행권고결정정본에 기한 강제집행은 이를 불허한다.

2. 소송비용은 피고의 부담으로 한다.

라는 판결을 구합니다.

청구원인

1. 피고의 원고에 대한 광주지방법원 목포지원 ○○○○가소○○○○호 대여금 청구의 사건에 대하여 ○○○○. ○○. ○○. 이행권고결정이 있었고, 위 이행권고결정에는 피고로부터 원고가 대여금 25,000,000원을 지급할 것을 전제로 하여 청구하고 있는데 원고는 피고에게 위와 같은 대여금을 모두 지급하고 피고로부터 영수증을 교부받았습니다.

2. 한편, 원고는 위 이행권고결정을 송달받았으나 깜박 잊고 이의신청기간을 지나치는 바람에 이행권고결정에 대하여 이의신청을 하지 못함으로서 ○○○○. ○○. ○○. 이행권고결정은 확정되었습니다.

3. 그러므로 피고가 위 이행권고결정에 기하여 원고의 재산에 대한 강제집행을 실시하고 있는 것은 이미 소멸된 채권을 가지고 강제집행을 하는 것은 부당하므로 원고의 청구취지와 같은 판결을 구하고자 본소 청구에 이르렀습니다.

소명자료 및 첨부서류

1. 갑 제1호증   이행권고결정서

1. 갑 제2호증   변제한 영수증

○○○○ 년 ○○ 월 ○○ 일

위 원고 : ○ ○ ○   (인)

광주지방법원 목포지원 귀중

(4) 청구이의의 소장 - 대여금 완제하여 지급명령에 대한 강제집행의 불허를 채무자가 청구
하는 소장

소 장

원 고 : ○ ○ ○

피 고 : ○ ○ ○

청구이의의 소

소송물 가액금	금	27,000,000 원
첨부할 인지액	금	126,500 원
첨부한 인지액	금	126,500 원
납부한 송달료	금	156,000 원
비 고		

인천지방법원 부천지원 귀중

소   장

1. 원고

성 명	○ ○ ○	주민등록번호	생략
주 소	부천시 ○○구 ○○○로 ○○, ○○○-○○○호		
직 업	상업	사무실 주 소	생략
전 화	(휴대폰) 010 - 1567 - 0000		
기타사항	이 사건 채무자입니다.		

2. 피고

성 명	○ ○ ○	주민등록번호	생략
주 소	부천시 ○○구 ○○로 ○○○,(○○동 ○○○호)		
직 업	건축업	사무실 주 소	생략
전 화	(휴대폰) 010 - 9876 - 0000		
기타사항	이 사건 채권자입니다.		

3.청구이의의 소

청구취지

1. 피고의 원고에 대한 인천지방법원 부천지원 김포시법원 ○○○○차○○○○
   호 집행력 있는 지급명령결정정본에 기한 강제집행은 이를 불허한다.

2. 소송비용은 피고의 부담으로 한다.

라는 판결을 구합니다.

청구원인

1. 피고의 원고에 대한 인천지방법원 부천지원 김포시법원 ○○○○차○○○○
   호 대여금청구의 사건에 대하여 ○○○○. ○○. ○○. 지급명령결정이 있
   었고, 위 지급명령결정에서 피고로부터 원고가 대여금 27,000,000원을 지
   급할 것을 전제로 하여 청구하고 있는데 원고는 피고에게 위와 같은 대여
   금을 모두 변제하였습니다.

2. 한편, 원고는 위 지급명령결정을 동거인이 송달받았으나 당사자인 원고에
   게 지급명령을 미쳐 전달하지 않아 이의신청기간에 지급명령결정에 대한
   이의신청을 하지 못함으로서 ○○○○. ○○. ○○. 동 지급명령은 확정되
   었습니다.

3. 그런데 피고는 원고에 대한 집행력 있는 지급명령정본을 소지하고 있는 것
   을 기화로 하여 ○○○○. ○○. ○○. 원고 소유의 유체동산을 압류하고
   경매하고자 하고 있으므로 부득이 청구취지와 같은 판결을 구하고자 본소
   청구에 이른 것입니다.

소명자료 및 첨부서류

1. 갑 제1호증   이행권고결정서

1. 갑 제2호증   유체동산압류집행조서

○○○○ 년 ○○ 월 ○○ 일

위 원고 : ○ ○ ○   (인)

인천지방법원 부천지원 귀중

(5) 청구이의의 소장 - 금전소비대차계약 공정증서 유체동산압류 강제집행 불허 청구 하는 소장

소   장

원   고 : ○   ○   ○

피   고 : ○   ○   ○

청구이의의 소

소송물 가액금	금	15,000,000 원
첨부할 인지액	금	72,500 원
첨부한 인지액	금	72,500 원
납부한 송달료	금	156,000 원
비 고		

의정부지방법원 남양주지원 귀중

소   장

1.원고

성 명	○ ○ ○	주민등록번호	생략
주 소	남양주시 ○○○로 ○○, ○○○-○○○호		
직 업	상업	사무실 주 소	생략
전 화	(휴대폰) 010 - 1567 - 0000		
기타사항	이 사건 채무자입니다.		

2.피고

성 명	○ ○ ○	주민등록번호	생략
주 소	남양주시 ○○로○길 ○○○,(○○동 ○○○호)		
직 업	상업	사무실 주 소	생략
전 화	(휴대폰) 010 - 9876 - 0000		
기타사항	이 사건 채권자입니다.		

3.청구이의의 소

청구취지

1. 피고의 원고에 대한 공증인가 ○○법률사무소 ○○○○년 증 제○○○○호 집행력 있는 금전소비대차계약공정증서 정본에 기한 강제집행은 이를 불허한다.

2. 소송비용은 피고의 부담으로 한다.

라는 판결을 구합니다.

청구원인

1. 피고는 원고에 대하여 금 15,000,000원의 채권이 있다고 주장하며, ○○○○. ○○. ○○. 원고에 대하여 공증인가 ○○법률사무소 ○○○○년 증 제○○○○호 집행력 있는 금전소비대차계약공정증서 정본에 기하여 원고 소유의 유체동산을 압류하였습니다.

2. 원고는 위 공정증서는 당시에 부동산을 담보하고 차용하였던 것인데 피고는 원고 소유의 부동산을 처분하여 자기의 채무변제에 충당하였으며, 나머지 채무를 전부 소멸되었던 것입니다.

3. 그런데 피고는 원고의 채무명의 공정증서를 소지하고 있는 것을 기화로 하여 ○○○○. ○○. ○○. 원고 소유의 유체동산을 압류하고 경매하고자 하고 있으므로 부득이 청구취지와 같은 판결을 구하고자 본소 청구에 이른 것입니다.

소명자료 및 첨부서류

1. 갑 제1호증   공정증서

1. 갑 제2호증   압류집행조서

1. 갑 제3호증   부동산등기부등본

○○○○ 년 ○○ 월 ○○ 일

위 원고 : ○ ○ ○   (인)

의정부지방법원 남양주지원 귀중

(6) 청구이의의 소 - 카드이용대금 지급명령 범죄인이 사용하여 집행배제 청구하는 소장

소   장

원   고 : ○   ○   ○

피   고 : ○   ○   ○

청구이의의 소

소송물 가액금	금	31,000,000 원
첨부할 인지액	금	144,500 원
첨부한 인지액	금	144,500 원
납부한 송달료	금	156,000 원
비 고		

전주지방법원 군산지원 귀중

소 장

1. 원고

성 명	○ ○ ○	주민등록번호	생략
주 소	군산시 ○○○로 ○○, ○○○-○○○호		
직 업	상업	사무실 주 소	생략
전 화	(휴대폰) 010 - 1567 - 0000		
기타사항	이 사건 채무자입니다.		

2. 피고

성 명	○ ○ ○	주민등록번호	생략
주 소	군산시 ○○로○길 ○○○,(○○동 ○○○호)		
직 업	상업	사무실 주 소	생략
전 화	(휴대폰) 010 - 9876 - 0000		
기타사항	이 사건 채권자입니다.		

3.청구이의의 소

청구취지

1. 피고의 원고에 대한 전주지방법원 군산지원 ○○○○. ○○. ○○. 결정한 ○○○○차○○○○호 신용카드이용대금 사건의 지급명령정본에 기초한 강제집행은 이를 불허한다.

2. 소송비용은 피고의 부담으로 한다.

라는 판결을 구합니다.

청구원인

1. 지급명령에 대한 확정

   피고는 귀원에 원고에 대한 신용카드 이용대금 채권을 원인으로 지급명령을 신청하여 동 신청에 따라 ○○○○. ○○. ○○. 귀원 ○○○○차○○○○호로 지급명령이 발령되고, 동 명령은 같은 해 ○○. ○○. 확정되었습니다.(갑 제3호증 지급명령 사본 참조)

2. 원고 소유의 유체동산에 대한 강제집행

   피고는 ○○○○. ○○. ○○. 귀원 집행관에게 위 지급명령에 터 잡아 원고 소유의 냉장고, 컴퓨터, TV 등 유체동산에 관한 강제집행을 신청하였고, 동 신청에 따라 ○○○○. ○○. ○○. 경매가 실시되어 위 유체동산이 금 2,700,000원에 매각되고, 피고가 그 대금을 수령한 바 있습니다.(갑 제4호증 집행사건 상세정보 참조)

3. 원고에 대한 신용카드 이용대금 채권의 불성립

확정된 지급명령은 확정판결과 동일한 효력이 있다고 규정되어 있으나, 기판력을 가지는 않는바, 위 지급명령의 신청원인인 신용카드 이용대금 채권의 성립 및 범위에 하자가 있다면, 그 범위 내에서는 위 지급명령에 기초한 강제집행이 허용될 수 없을 것입니다.

그런데 피고의 원고에 대한 신용카드 이용대금 채권은 그 성립 및 범위에 있어 다음과 같은 문제점이 있습니다.

가. 제3자에 의한 원고 명의 신용카드 발급 및 사용

소외 ○○○는 ○○○○. ○○. ○○. 귀원에 ○○○○형제○○○○호 사기 및 절도로 기소되어 재판을 받고 있는 중인데, 이는 위 ○○○가 원고 명의의 신용카드를 권한 없이 사용한 점, 평소 알고 있던 원고의 인적정보를 가지고 무단으로 신용카드를 발급받아 사용한 점에 관한 것입니다.(갑 제1호증 사건처분 결과통보, 갑 제2호증 공소장 사본 참조)

위 재판 결과를 기다려야겠지만, 위 공소사실이 인정될 경우 원고는 피고에 대하여 신용카드 이용대금 채무를 부담하지 않을 여지가 다분히 있습니다.

한편 위 공소사실에는 위 ○○○가 총 3장의 원고 명의 신용카드를 사용한 것으로 되어 있는데, 그 내역은 다음과 같습니다.

(1) ○○-○○○-○○○○○번 엘지카드다.

위 ○○○는 동서 지간인 원고로부터 원고가 다단계 판매업체에서 자신의 엘지신용카드로 구입한 물건을 반품하여 달라는 부탁을 받으면서 위 신용카드를 교부받아 소지하게 된 것을 기화로, ○○○○. ○○. ○○.부터 ○○○○. ○○. ○○.까지 사이에 총 ○○회에 걸쳐 물품을 구입하면서 위 신용카드를 마치 ○○○의 카드인 것처럼 제시하고 매출전표에 서명·교부하는 방식으로 그 대금을 결제하였습니다.

또한 위 ○○○는 ○○○○. ○○. ○○.부터 ○○○○. ○○. ○○.까지 사이에 총 ○○회에 걸쳐 현금자동지급기에 위 엘지카드를 넣고 현금서비스를 받았습니다.

위 ○○○의 이러한 신용 카드 결제 및 현금 서비스 이용은 원고가 ○○○에게 위 신용카드를 맡긴 취지에 반하는 무 권한의 행위이므로, 원고는 피고에 대하여 ○○-○○○-○○○○○번 카드 이용대금 채무를 부담하지 않는다 할 것입니다.

(2) ○○○○-○○○-○○○○○번 엘지카드

원고는 위 ○○○가 위와 같이 원고의 ○○○○-○○○-○○○○○번 엘지카드를 임의로 사용한 것을 알고 ○○○로부터 위 카드를 돌려받아 이를 폐기하였습니다.

그러나 ○○○는 평소 알고 있던 원고의 인적사항을 이용하여 원고의 명의를 도용, 피고에게 신용카드 재발급을 신청하여 피고로부터 ○○○○-○○○-○○○○○번 엘지카드를 발급받은 후, ○○○○. ○○. ○○.부터 ○○○○. ○○. ○○.까지 사이에 ○○회에 걸쳐 위 신용카드를 이용하여 물품 등을 구입하고, ○○○○. ○○. ○○.부터 ○○○○. ○○. ○○.까지 사이에 ○○회에 걸쳐 위 신용카드를 이용하여 현금서비스를 받은 바 있습니다.

위 ○○○에 대한 형사 재판에서 밝혀질 것이지만, 피고는 위 카드를 발급하면서 본인 확인조차 제대로 하지 않았고, 원고는 위 카드를 수령한 사실 또한 없습니다.

피고가 귀원에 이 사건 지급명령을 신청하면서 제출한 카드 재발급 확인증을 보면, 그 전화번호나 주소, 수령인 란 등에 기재된 필적이 원고의 것이 아닙니다.(갑 제4호증 ○○신용카드 수령증 사본 참조) 특히 그 필적과 관련하여, 카드금액 사용각서상의 ○○○의 필적과 위 확인증의 필적이 외관상 같아 보이는바, 그렇다면 ○○○는 공소사실과 같이 원고의 명의를 모용하여 피고로부터 카드를 발급받아 이를 임의로 사용하였다 할 것입니다.

그렇다면 원고는 피고에 대하여 ○○○○-○○○-○○○○○번 카드 이용 대금 채무를 부담하지 않는다 할 것입니다.

(3) ○○○○-○○-○○○○○번 엘지카드

위 ○○○는 위 (2)항과 같은 방법으로 피고로부터 ○○○○-○○○-○○○○○번 엘지카드를 발급받아 ○○○○. ○○.○○.부터 ○○○○. ○○.○○.까지 사이에 ○○회에 걸쳐 위 신용카드를 이용하여 물품 등을 구입하고, ○○회에 걸쳐 위 신용카드를 이용하여 현금 서비스를 받았는바, 위에서 본 바와 마찬가지로 원고는 피고에 대하여 ○○○○-○○-○○○○○번 카드이용대금 채무를 부담하지 않는다 할 것입니다.

나. 카드이용대금 산정의 근거

피고는 이 사건 지급명령을 신청하면서 그 소명자료로 카드사용 명세서를 제출한 바 있는데, 피고가 제출한 카드 사용 내역과 카드대금 입금 내역만 가지고는 피고의 원고에 대한 청구금액의 산정 근거를 알기가 어렵습니다.

따라서 원고는 귀원께서 피고에게 지급명령신청서에 청구 금액의 산정 근거에 관한 석명을 아울러 명하여 주시기를 바랍니다.(갑 제6호증 카드 사용 명세서 사본 참조)

4. 결론

원고는 ○○○에 관한 위 형사재판 결과가 나오는 대로 이에 대한 문서송부촉탁을 신청할 예정인바, 위 결과를 기다려야겠지만, 위에서 본 바와 같이 이 사건 신용카드 이용대금은 위 ○○○의 범죄 행위로 인하여 발생한 것으로서 원고는 이에 대한 책임이 없다고 할 것이므로, 원고의 청구를 인용하여 주시기 바랍니다.

소명자료 및 첨부서류

1. 갑 제1호증   사건처분 결과통보

1. 갑 제2호증   공소장 사본

1. 갑 제3호증   지급명령 사본

1. 갑 제4호증   집행사건 상세정보

1. 갑 제5호증   ○○신용카드 수령증 사본

1. 갑 제6호증   카드 사용명세서 사본

○○○○ 년 ○○ 월 ○○ 일

위 원고 : ○ ○ ○   (인)

전주지방법원 군산지원 귀중

제5절 제3자이의의 소장 최신서식

(1) 제3자이의의 소장 - 유체동산가압류 양도담보로 이미 취득 가압류집행 불허를 청구하는
소장

소 장

원   고 ：○   ○   ○

피   고 ：○   ○   ○

제3자 이의의 소

소송물 가액금	금	23,000,000 원
첨부할 인지액	금	108,500 원
첨부한 인지액	금	108,500 원
납부한 송달료	금	156,000 원
비 고		

수원지방법원 안산지원 귀중

소　　　장

1. 원고

성　　명	○ ○ ○		주민등록번호	생략
주　　소	경기도 안산시 ○○구 ○○로 ○○, ○○○-○○○호			
직　　업	상업	사무실 주　소	생략	
전　　화	(휴대폰) 010 - 1277 - 0000			
기타사항	이 사건 유체동산의 소유자입니다.			

2. 피고

성　　명	○ ○ ○		주민등록번호	생략
주　　소	경기도 안산시 ○○구 ○○로 ○○길 ○○, ○○○호			
직　　업	상업	사무실 주　소	생략	
전　　화	(휴대폰) 010 - 9980 - 0000			
기타사항	이 사건 유체동산에 대하여 강제집행한 사람입니다.			

3.제3자 이의의 소

청구취지

1. 피고가 소외 ○○○에 대한 수원지방법원 안산지원 ○○○○카합○○○○호 유체동산가압류사건의 집행력 있는 가압류결정정본에 터 잡아 ○○○○. ○○. ○○. 별지목록 기재 유체동산에 대하여 한 가압류집행은 이를 불허한다.

2. 소송비용은 피고의 부담으로 한다.

라는 판결을 구합니다.

청구원인

1. 피고는 ○○○○. ○○. ○○. 소외 ○○○에 대한 수원지방법원 안산지원 ○○○○카합○○○○호 유체동산가압류사건의 집행력 있는 가압류결정정본에 터 잡아 ○○○○. ○○. ○○. 경기도 안산시 ○○구 ○○로 ○○길 ○○, ○○○호에서 별지목록 기재의 물건(이하에서"이 사건 물건"이라고 하겠습니다)에 대하여 가압류집행을 하였습니다.

2. 그런데 원고는 소외 ○○○에게 ○○○○. ○○. ○○. 금 30,000,000원을 그 변기일을 ○○○○. ○○. ○○.로 정하여 대여하고, 그의 사이에 ○○○○. ○○. ○○. 위 채무의 이행을 담보할 목적으로 그의 소유인 이 사건 물건의 소유권을 점유개정의 방법으로 원고가 양수하는 내용의 양도담보계약을 체결하면서 공증인가 법무법인 ○○법률사무소에 촉탁하여 소외 ○○○이 위 채무를 이행하지 아니할 때에는 즉시 강제집행을 하여도 이의가 없음을 인낙한다는 내용의 양도담보부 금전소비대차계약공정증서를 작성하도록 하였습니다.

3. 그렇다면 원고는 위 가압류집행 이전의 양도담보에 의하여 이 사건 물건의 소유권을 취득하였다 할 것이고, 위 가압류집행은 채무자가 아닌 제3자의 재산에 대하여 이루어져 위법 부당하다 할 것입니다.

4, 따라서 원고는 이 사건 물건에 대하여 정당한 소유자로서 피고로부터 가압류집행을 당할 하등의 이유가 없으므로 청구취지와 같은 판결을 구하고자 이 사건 청구에 이르게 된 것입니다.

소명자료 및 첨부서류

1. 갑 제1호증   양도담보부 금전소비대차계약공정증서

1. 갑 제2호증   유체동산가압류집행조서 등본

1. 소장부본

○○○○ 년 ○○ 월 ○○ 일

위 원고 : ○ ○ ○   (인)

수원지방법원 안산지원 귀중

(2) 제3자이의의 소장 - 매매한 유체동산에 피고가 가압류집행 하여 불허를 청구하는 소송

소 장

원 고 : ○ ○ ○

피 고 : ○ ○ ○

제3자 이의의 소

소송물 가액금	금	22,000,000 원
첨부할 인지액	금	104,000 원
첨부한 인지액	금	104,000 원
납부한 송달료	금	156,000 원
비 고		

광주지방법원 순천지원 귀중

소   장

1. 원고

성　　명	○ ○ ○	주민등록번호	생략
주　　소	순천시 ○○로 ○○길 ○○, ○○○-○○○호		
직　　업	상업	사무실 주　소	생략
전　　화	(휴대폰) 010 - 1277 - 0000		
기타사항	이 사건 유체동산의 소유자입니다.		

2. 피고

성　　명	○ ○ ○	주민등록번호	생략
주　　소	여수시 ○○로 ○○길 ○○, ○○○호		
직　　업	상업	사무실 주　소	생략
전　　화	(휴대폰) 010 - 9980 - 0000		
기타사항	이 사건 유체동산에 대하여 강제집행한 사람입니다.		

3. 제3자 이의의 소

청구취지

1. 피고가 소외 ○○○에 대한 광주지방법원 순천지원 ○○○○카단○○○○호 유체동산가압류사건의 집행력 있는 가압류결정정본에 터 잡아 ○○○○. ○○. ○○. 별지목록 기재 유체동산에 대하여 한 가압류집행은 이를 불허한다.

2. 소송비용은 피고의 부담으로 한다.

라는 판결을 구합니다.

청구원인

1. 피고는 소외 ○○○에 대한 청구취지기재 제1항의 ○○○○카단○○○○호 유체동산가압류사건의 집행력 있는 가압류결정정본에 의하여 ○○○○. ○○. ○○. 별지목록 기재의 물건에 대하여 가압류집행을 하였으나 가압류한 물건은 원고 소유에 속하는 것으로 위 소외 ○○○의 소유가 아닙니다.

2. 원고와 소외 ○○○은 위 가압류집행을 하기전인 ○○○○. ○○. ○○. 소외 ○○○의 소유인 별지목록 기재 물건에 대하여 매매대금 20,000,000원에 매매계약을 체결하고 공증인가 법무법인 ○○법률사무소 작성 ○○○○년 증서 제○○○○호로 인증서를 교부하여 사무실집기와 기타 일체를 매매하였으므로 원고는 적법한 소유자가 되었으며 위 물건은 위 소외 ○○○이 임의대로 점유하도록 하였던 것입니다.

3. 그런데 피고는 ○○○○. ○○. ○○. 소외 ○○○의 채무금 17,000,000원의 채권이 있다고 하며 원고 소유인 별지목록 유체동산에 가압류집행을 하여 원고는 매매계약서의 인증서를 제시하였으나 곧바로 가압류 집행을 하였습니다.

만일의 경우 원고 소유의 별지목록 기재 유체동산이 경매가 된다면 회복할 수 없는 손해를 입게되므로 청구취지와 같은 재판을 받고자 이 사건 청구에 이르게 된 것입니다.

소명자료 및 첨부서류

1. 갑 제1호증   인증서

1. 갑 제2호증   유체동산가압류집행조서 등본

1. 소장부본

○○○○ 년 ○○ 월 ○○ 일

위 원고 : ○ ○ ○   (인)

광주지방법원 순천지원 귀중

(3) 제3자이의의 소장 - 외상물품 소유권을 유보 유체동산가압류 강제집행 불허청구 소장

소　　　　장

원　　고 : ○　　　○　　　　○

피　　고 : ○　　　○　　　　○

제3자이의의 소

소송물 가액금	금	8,000,000 원
첨부할 인지액	금	40,000 원
첨부한 인지액	금	40,000 원
납부한 송달료	금	156,000 원
비　　　　고		

청주지방법원 영동지원 귀중

소   장

1. 원고

성 명	○ ○ ○	주민등록번호	생략
주 소	충청북도 영동군 영동읍 ○○로길 ○○, ○○○호		
직 업	상업	사무실 주 소	생략
전 화	(휴대폰) 010 - 3456 - 0000		
기타사항	이 사건 원고입니다.		

2. 피고

성 명	○ ○ ○	주민등록번호	생략
주 소	충청북도 영동군 ○○면 ○○길 ○○, ○○○호		
직 업	상업	사무실 주 소	생략
전 화	(휴대폰) 010 - 8876 - 0000		
기타사항	이 사건 피고입니다.		

3. 제3자이의의 소

청구취지

1. 피고가 소외 ○○○에 대한 청주지방법원 영동지원 ○○○○카단○○○○호 유체동산 가압류사건의 집행력 있는 가압류결정정본에 터 잡아 ○○○○. ○○. ○○. 별지 목록 기재 물건에 대하여 한 가압류집행은 이를 불허한다.

2. 소송비용은 피고의 부담으로 한다.

라는 판결을 구합니다.

청구원인

1. 별지 목록 기재 물건은 원고가 ○○○○. ○○. ○○. 소외 ○○○과 금 8,000,000원으로 하여 물품공급계약을 체결하고 원고는 별지 목록 기재의 물건을 당일 납품하고 소외 ○○○는 동 물건대금을 ○○○○. ○○. ○○. 3,000,000원, ○○○○. ○○. ○○. 금 2,000,000원, ○○○○. ○○. ○○. 금 3,000,000원을 분할지급하기로 하였습니다.

2. 원고와 소외 ○○○의 동 계약서 제6조(소유권이전과 구매자의 의무)에 의하면 소외 ○○○는 위의 약정대금을 완불하였을 때 위 물품에 대한 소유권을 획득한 것으로 한다. 동 제7조(계약해제)에 의하면 물품대금이 약정기일로부터 1개월이상 경과한 후에도 입금되지 않을 때 본 계약은 자동 해제될 수 있다. 라고 명시되어 있는바, 소외 ○○○은 별지 목록 기재 물건을 공급받고도 원고의 물품대금을 지급치 아니하고 미루고 있어 원고가 공급한 물품은 동 제6조 제2항에 의하여 유보된 소유권이므로 별지 목록 기재 물건은 원고의 소유 물건입니다.

3. 그런데 피고는 소외 ○○○에게 채무가 있다는 이유로 ○○○○. ○○. ○○. 청주지방법원 영동지원 ○○○○카단○○○○호로 유체동산가압류결정 정본에 의하여 소송ㄱ집행관으로 하여금 가압류를 집행하였습니다.

4. 따라서 원고는 이 사건 물건에 대하여 정당한 소유자로서 피고로부터 가압류를 당할 하등의 이유가 없으므로 청구취지와 같은 판결을 구하고자 이 사건 청구에 이른 것입니다.

소명자료 및 첨부서류

1. 갑 제1호증   물품공급계약서

1. 갑 제2호증   유제동산가압류집행조서등본

1. 갑 제3호증   사업자등록증

1. 소장 부본

1. 납부서

○○○○ 년 ○○ 월 ○○ 일

위 원고 : ○   ○   ○   (인)

청주지방법원 영동지원 귀중

별지 목록

번호	품목	수량	장소	비고
1	삼성복합기	2	사무실 내	
2	소형금고	1	-	
3	삼성컴퓨터	3	-	
4	모니터 21인지	3	-	

(4) 제3자이의의 소장 - 유체동산 양도담보 설정 소유권 취득 강제집행불허 청구하는 소장

소   장

원   고 : ○   ○   ○

피   고 : ○   ○   ○

제3자이의의 소

소송물 가액금	금	10,000,000 원
첨부할 인지액	금	50,000 원
첨부한 인지액	금	50,000 원
납부한 송달료	금	156,000 원
비 고		

대전지방법원 홍성지원 귀중

소   장

1. 원고

성 명	○ ○ ○		주민등록번호	생략
주 소	충청남도 보령시 ○○로길 ○○, ○○○호			
직 업	상업	사무실 주 소	생략	
전 화	(휴대폰) 010 - 3456 - 0000			
기타사항	이 사건 원고입니다.			

2. 피고

성 명	○ ○ ○		주민등록번호	생략
주 소	충청남도 보령시 ○○로 ○○길 ○○,			
직 업	상업	사무실 주 소	생략	
전 화	(휴대폰) 010 - 8876 - 0000			
기타사항	이 사건 피고입니다.			

3.제3자이의의 소

청구취지

1. 피고가 소외 ○○○에 대한 대전지방법원 홍성지원 ○○○○가소○○○○호 대여금 청구사건의 집행력 있는 판결정본에 터 잡아 ○○○○. ○○. ○○. 별지 목록 기재 동산에 대하여 한 강제집행은 이를 불허한다.

2. 소송비용은 피고의 부담으로 한다.

라는 판결을 구합니다.

청구원인

1. 원고는 ○○○○. ○○. ○○. 소외 ○○○에게 금 10,000,000원을 대여하여 주면서 위 금원을 담보할 목적으로 별지 목록 기재의 물건에 대하여 양도담보부금전소비대차계약을 체결하였습니다.

2. 변제기한은 ○○○○. ○○. ○○.부터 ○○○○. ○○. ○○.까지 2회에 걸쳐 매월말일에 금 5,000,000원씩 각각 분할 변제하기로 하고 이를 증명하기 위하여 공증인가 법무법인 ○○○법률사무소 ○○○○년 증서 제○○○○○호로 공정증서를 작성하였습니다.

3. 소외 ○○○은 지급까지 위 금원 10,000,000원을 변제치 아니하였으며, 따라서 원고는 위 채무의 이행을 담보할 목적으로 소외인의 별지 목록 기재의 물건의 소유권은 점유개정의 방법으로 원고에게 양도된 것이므로 원고는 적법한 소유자가 되었습니다.

4. 그런데 피고는 소외 ○○○에게 채무가 있다는 이유로 ○○○○. ○○. ○○.대전지방법원 홍성지원 ○○○○가소○○○○호 집행력 있는 판결정본에

의하여 동 법원 소속 집행관으로 하여금 동산 압류집행을 하였습니다.

5. 원고는 이건 물건에 대하여 정당한 소유자로서 피고로부터 집행을 당할 하등의 이유가 없으므로 청구취지와 같은 판결을 구하고자 이 사건 청구에 이른 것입니다.

소명자료 및 첨부서류

1. 갑 제1호증   동산압류집행조서

1. 갑 제2호증   공정증서 정본

1. 소장 부본

1. 납부서

○○○○ 년 ○○ 월 ○○ 일

위 원고 : ○ ○ ○   (인)

대전지방법원 홍성지원 귀중

별지 목록

번호	품목	수량	장소	비고
1	돌침대	1	집 내	
2	소형금고	1	-	
3	전자올겐	1	-	
4	식탁(의자4)	1조	-	
5	냉장고	1	-	
6	응접세트	1조	-	
7	전자레인지	1	-	
8	에어컨	1	-	
9	세탁기	1	-	
10	냉장고	1	-	

(5) 제3자이의의 소장 - 생활 집기 매매계약 소유권취득 유체동산가압류 집행 불허 청구하는
   소장

소   장

원   고 :   ○   ○   ○

피   고 :   ○   ○   ○

제3자이의의 소

소송물 가액금	금	10,000,000	원
첨부할 인지액	금	50,000	원
첨부한 인지액	금	50,000	원
납부한 송달료	금	156,000	원
비 고			

인천지방법원 부천지원 귀중

소   장

1. 원고

성 명	○ ○ ○	주민등록번호	생략
주 소	경기도 부천시 오정구 ○○로길 ○○, ○○○호		
직 업	상업	사무실 주 소	생략
전 화	(휴대폰) 010 - 3456 - 0000		
기타사항	이 사건 원고입니다.		

2. 피고

성 명	○ ○ ○	주민등록번호	생략
주 소	경기도 김포시 승가로 ○○길 ○○, ○○○호		
직 업	상업	사무실 주 소	생략
전 화	(휴대폰) 010 - 8876 - 0000		
기타사항	이 사건 피고입니다.		

3. 제3자이의의 소

청구취지

1. 피고가 소외 ○○○에 대한 인천지방법원 부천지원 ○○○○카단○○○○호 유체동산 가압류사건의 집행력 있는 가압류결정정본에 터 잡아 ○○○○. ○○. ○○. 별지 목록 기재 물건에 대하여 한 가압류집행은 이를 불허한다.

2. 소송비용은 피고의 부담으로 한다.

라는 판결을 구합니다.

청구원인

1. 피고는 소외 ○○○에 대한 청구취지 기재 제1항의 귀원 ○○○○카단○○○○호 유체동산 가압류사건의 집행력 있는 가압류결정정본에 기하여 ○○○○. ○○. ○○. 별지 목록 기재의 물건(이하에서'이 사건 물건'이라 합니다)에 대하여 가압류집행을 하였으나, 가압류한 이 사건 물건은 원고의 소유에 속하는 것으로 위 소외 ○○○의 소유가 아닙니다.

2. 원고는 소외 ○○○은 위 가압류 집행을 하기 전인 ○○○○. ○○. ○○. 매매대금 금 10,000,000원에 매매계약을 체결하고 공증인가 법무법인 ○○○법률사무소 작성 ○○○○년 증서 제○○○○호로 인증서를 교부하여 사무실 집기와 기타 이 사건 물건을 매매하였으므로 원고는 적법한 소유자가 되었으며, 이 사건 물건은 위 소외인이 임대로 점유하도록 하였습니다.

3. 그런데 피고는 ○○○○. ○○. ○○. 소외 ○○○의 채무금 10,000,000원의 채권이 있다고 하며 원고 소유인 별지 목록 기재의 유체동산에 가압류집행을 하여 원고는 매매계약서의 인증서를 제시하였으나 곧바로 집행을 하였습니다.

만일의 경우 원고 소유의 별지 목록 기재의 유체동산이 경매가 된다면 회복할 수 없는 손해를 입게 되므로 청구취지와 같은 판결을 받고자 본소의 청구에 이른 것입니다.

소명자료 및 첨부서류

1. 갑 제1호증   매매계약서 인증서

1. 갑 제2호증   유제동산가압류집행조서등본

1. 소장 부본

1. 납부서

○○○○ 년 ○○ 월 ○○ 일

위 원고 : ○   ○   ○   (인)

인천지방법원 부천지원 귀중

별지 목록

번호	품목	수량	장소	비고
1	돌침대	1	모텔 내	
2	소형금고	1	-	
3	전자올겐	1	-	
4	식탁(의자4)	1조	-	
5	냉장고	1	-	
6	응접세트	1조	-	
7	전자레인지	1	-	
8	에어컨	1	-	
9	세탁기	1	-	
10	냉장고	1	-	
11	텔레비전	2	-	

(6) 제3자이의의 소장 - 유체동산 생활 집기 소유권취득 유체동산 압류 집행 불허 청구하
는 소장

소   장

원   고 :   ○   ○   ○

피   고 :   ○   ○   ○

제3자이의의 소

소송물 가액금	금	10,000,000	원
첨부할 인지액	금	50,000	원
첨부한 인지액	금	50,000	원
납부한 송달료	금	156,000	원
비 고			

창원지방법원 진주지원 귀중

소　　　장

1. 원고

성　　명	○ ○ ○	주민등록번호	생략
주　　소	경상남도 진주시 ○○로길 ○○, ○○○호		
직　　업	상업	사무실 주　소	생략
전　　화	(휴대폰) 010 - 3456 - 0000		
기타사항	이 사건 원고입니다.		

2. 피고

성　　명	○ ○ ○	주민등록번호	생략
주　　소	경상남도 진주시 진양호로 ○○길 ○○,		
직　　업	상업	사무실 주　소	생략
전　　화	(휴대폰) 010 - 8876 - 0000		
기타사항	이 사건 피고입니다.		

3.제3자이의의 소

청구취지

1. 피고가 소외 ○○○에 대한 창원지방법원 진주지원 ○○○○가단○○○○호 집행력 있는 판결정본에 터 잡아 ○○○○. ○○. ○○. 별지 목록 기재 동산에 대하여 한 강제집행은 이를 불허한다.

2. 소송비용은 피고의 부담으로 한다.

라는 판결을 구합니다.

청구원인

1. 피고는 창원지방법원 진주지원 ○○○○가단○○○○호 집행력 있는 판결정본에 터 잡아 동 법원 집행관에 의하여 경상남도 진주시 ○○로길 ○○,에서 유체동산경매사건이 진행되었습니다.

2. 동 경매사건이 ○○○○. ○○. ○○. 14:00부터 동일자 14:20경에 종료되었는데 이건 물건을 경락인 ○○○에게 낙찰되었으며, 동일자 이건 유체동산을 소외 ○○○이 매수하여 공증인가 ○○법무법인 ○○○○년 증서 ○○○○호로 원고에게 양도담보부 금전소비대차계약 공정증서를 받고 양도담보를 하였으므로 이는 원고 소유의 동산입니다.

3. 그런데 피고는 동일 유체동산에 대하여 ○○○○. ○○. ○○.다시 같은 집행관사무소 ○○○○본○○○○호에 의하여 동산압류신청을 하여 유체동산을 경매하려고 하고 있으므로 원고는 이건 물건에 대하여 정당한 소유자로서 피고로부터 집행을 당할 하등의 이유가 없으므로 청구취지와 같은 판결을 구하고자 이 사건 청구에 이르렀습니다.

소명자료 및 첨부서류

1. 갑 제1호증   공정증서 등본

1. 갑 제2호증   동산압류조서등본

1. 갑 제3호증   유체동산 경매조서

1. 갑 제4호증   영수증

1. 소장 부본

1. 납부서

○○○○ 년 ○○ 월 ○○ 일

위 원고 : ○   ○   ○   (인)

창원지방법원 진주지원 귀중

별지 목록

번호	품목	수량	장소	비고
1	돌침대	1	집 내	
2	소형금고	1	-	
3	전자올겐	1	-	
4	식탁(의자4)	1조	-	
5	냉장고	1	-	
6	응접세트	1조	-	
7	전자레인지	1	-	
8	에어컨	1	-	
9	세탁기	1	-	
10	냉장고	2	-	
11	티브이	3	-	

(1) 강제집행정지신청서 - 청구이의의 소 판결 선고 시까지 부동산 강제경매 집행정지신청

강제집행정지신청서

신 청 인 : ○ ○ ○

피 신 청 인 : ○ ○ ○

소송물 가액금	금	10,000,000 원
첨부할 인지액	금	1,000 원
첨부한 인지액	금	1,000 원
납부한 송달료	금	20,800 원
비 고		

의정부지방법원 귀중

강제집행정지신청서

1.신 청 인

성 명	○ ○ ○		주민등록번호	생략
주 소	의정부시 ○○로길 ○○, ○○○-○○○○호			
직 업	상업	사무실 주 소	생략	
전 화	(휴대폰) 010 - 3456 - 0000			
기타사항	이 사건 원고 겸 신청인입니다.			

2.피신청인

성 명	○ ○ ○		주민등록번호	생략
주 소	의정부시 ○○로 ○○, ○○(○○동 ○○다세대)			
직 업	상업	사무실 주 소	생략	
전 화	(휴대폰) 010 - 8876 - 0000			
기타사항	이 사건 피고 겸 피신청인입니다.			

3.강제집행정지신청서

신청취지

1. 피신청인의 신청인에 대한 의정부지방법 ○○○○자○○○○호 집행력 있는 화해조서 정본에 기한 별지 목록 기재 부동산에 대하여 한 강제집행은 위 당사자 간의 의정부지방법원 ○○○○가단○○○○호 청구이의의 소 사건의 본안판결 선고 시까지 이를 정지한다.

라는 판결을 구합니다.

신청이유

1. 피신청인은 신청인 소유의 별지 목록 기재 부동산에 대하여 의정부지방법원 ○○○○자○○○○호 집행력 있는 화해조서 정본에 기하여 10,000,000원의 채권이 있다고 하여 귀원 ○○○○타경○○○○호로 부동산강제경매신청을 하였습니다.

2. 신청인은 피신청인에게 위 화해조서 정본의 화해조항 제2항과 같이 화해성립일인 ○○○○. ○○. ○○.부터 부동산명도시인 ○○○○. ○○. ○○.까지 매월말일 금 1,000,000원을 지급하기로 되어 있는바 1년간의 금액 10,000,000원을 ○○○○. ○○. ○○. 피신청인에게 변제하였고 별첨과 같은 영수증을 교부받았습니다.

3. 따라서 위 피신청인이 청구하고 있는 채권은 사실상 모두 소멸되었고, 소멸된 채권을 가지고 강제경매를 신청한 것이므로 신청인은 ○○○○. ○○. ○○.귀원 ○○○○가단○○○○로호 청구이의의 소를 제기하였으므로 동 판결이 선고될 때까지 강제집행을 정지하여 주시기 바랍니다.

소명자료 및 첨부서류

1. 갑 제1호증   화해조서 등본

1. 갑 제2호증   영수증

1. 갑 제3호증   소제기증명원

1. 납부서

○○○○ 년 ○○ 월 ○○ 일

위 신청인 : ○ ○ ○ (인)

의정부지방법원 귀중

별지 목록

1동의 건물의 표시

    경기도 의정부시 ○○○로길 ○○, ○○○동 ○○○○호

전유부분의 건물의 표시

    건물번호 : ○-○-○○○○호

    구　　조 : 철근콘크리트 조

    면　　적 : ○○○동 ○○○○호 ○○.○○㎡

대지권의 표시

    토지의 표시 : 1. 경기도 의정부시 ○○○로길 ○○, 대 ○○○.○○㎡

                 2. 동소 ○○.　　　　　　　　대 ○,○○○.○㎡

대지권의 표시

    대지권의 종류 : 1.2.소유권

    대지권의 비율 : ○,○○○.○○분지 ○○.○○

- 이　상 -

강제집행정지신청서

신 청 인 : ○   ○   ○

피 신 청 인 : ○   ○   ○

소송물 가액금	금	20,000,000 원
첨부할 인지액	금	1,000 원
첨부한 인지액	금	1,000 원
납부한 송달료	금	20,800 원
비 고		

춘천지방법원 속초지원 귀중

강제집행정지신청서

1. 신 청 인

성 명	○ ○ ○	주민등록번호	생략
주 소	강원도 속초시 ○○로 ○○, ○○○-○○○○호		
직 업	상업	사무실 주 소	생략
전 화	(휴대폰) 010 - 3456 - 0000		
기타사항	이 사건 원고입니다.		

2. 피신청인

성 명	○ ○ ○	주민등록번호	생략
주 소	강원도 속초시 ○○로 ○○, ○○(○○동)		
직 업	상업	사무실 주 소	생략
전 화	(휴대폰) 010 - 8876 - 0000		
기타사항	이 사건 피고입니다.		

3.강제집행정지신청서

신청취지

1. 피신청인의 신청인에 대한 공증인가 ○○법률합동사무소 ○○○○년 증 제 ○○○○호 집행력 있는 공정증서 정본에 기한 유체동산 강제집행은 위 당 사자 간의 춘천지방법원 속초지원 ○○○○가단○○○○호 청구이의의 소 사건의 본안판결 선고 시까지 이를 정지한다.

라는 판결을 구합니다.

신청이유

1. 신청인과 피신청인 간 공증인가 ○○법률합동사무소 ○○○○년 증 제○○ ○○호 집행력 있는 공정증서 정본에 기하여 피신청인은 신청인 소유의 유 체동산에 대하여 ○○○○. ○○. ○○. 강제집행을 신청하여 경매진행 중 에 있습니다.

2. 신청인은 위 공정증서는 당시에 지게차의 담보를 목적으로 금 20,000,000 원을 차용하였던바, 피신청인은 ○○○○. ○○. ○○.에 동 지게차를 임의 처분하여 자기의 채무변제에 충당하였으며, 나머지 채무를 전부 소멸되었 던 것입니다.

3. 따라서 위 공정증서에 기한 채권은 모두 소멸되었고, 동 채권에 기하여 유 체동산 강제경매를 할 하등의 이유가 없으므로 신청인은 신청취지와 같은 결정을 구하고자 본 신청에 이르렀습니다.

소명자료 및 첨부서류

1. 갑 제1호증   지게차 근저당권설정계약서

1. 갑 제2호증   유체동산압류집행조서 등본

1. 갑 제3호증   소제기증명원

1. 갑 제4호증   공정증서

1. 납부서

○○○○ 년 ○○ 월 ○○ 일

위 신청인 : ○　○　○　　(인)

춘천지방법원 속초지원 귀중

(3) 강제집행정지신청서 – 제3자이의의 소 판결 선고 시까지 유체동산에 대한 강제집행정지 신청

강제집행정지신청서

신 청 인 : ○   ○   ○

피 신 청 인 : ○   ○   ○

소송물 가액금	금	20,000,000 원
첨부할 인지액	금	1,000 원
첨부한 인지액	금	1,000 원
납부한 송달료	금	20,800 원
비 고		

청주지방법원 충주지원 귀중

강제집행정지신청서

1.신 청 인

성 명	○ ○ ○	주민등록번호	생략
주 소	충주시 ○○로 ○○, ○○○-○○○○호		
직 업	상업	사무실 주 소	생략
전 화	(휴대폰) 010 - 3456 - 0000		
기타사항	이 사건 원고입니다.		

2.피신청인

성 명	○ ○ ○	주민등록번호	생략
주 소	충주시 ○○로 ○○, ○○(○○동)		
직 업	상업	사무실 주 소	생략
전 화	(휴대폰) 010 - 8876 - 0000		
기타사항	이 사건 피고입니다.		

3. 강제집행정지신청서

신청취지

1. 피신청인의 소외 ○○○에 대한 청주지방법원 충주지원 ○○○○가단○○○
   ○ 대여금청구사건에 관한 집행력 있는 판결정본에 의한 강제집행은 신청
   인(원고) ○○○, 피신청인(피고) ○○○사이의 제3자이의의 소 판결 선고
   시까지 이를 정지한다.

라는 판결을 구합니다.

신청이유

1. 신청인은 충청북도 충주시 ○○로 ○○에서 ○○정육식당을 경영하는 자인
   데, 피신청인이 ○○○○. ○○. ○○. 소외 ○○○에 대한 청주지방법원 충
   주지원 ○○○○가단○○○○호 대여금청구사건에 관한 집행력 있는 판결정
   본에 의하여 별지목록 표시의 물건을 강제집행 한 사실이 있습니다.

2. 그런데 위의 강제집행 한 별지목록 표시의 물건은 신청인이 ○○○○. ○
   ○. ○○. 전 소유자 및 ○○식당경영자 소외 ○○○로부터 금 20,00
   0,000원에 매수한 신청인(원고)의 소유물이므로 피신청인(피고)이 소외 ○
   ○○의 소유물인 것으로 착각한 이 사건 강제집행은 부당합니다.

3. 제3자이의의 소제기

   이에 신청인은 피신청인을 상대로 우선 청주지방법원 충주지원에 ○○○○가
   단○○○○호로 제3자이의의 소를 제기하였습니다.

4. 잠정처분의 신청

따라서 신청인은 민사집행법 제44조, 제46조에 의하여 잠정처분으로서 위 제3자이의의 소 사건의 제1심 판결 선고 일까지 위 강제집행의 정지를 구하기 위하여 이 사건 신청에 이르게 되었습니다.

소명자료 및 첨부서류

1. 갑 제1호증   지게차 근저당권설정계약서

1. 갑 제2호증   유체동산압류집행조서 등본

1. 갑 제3호증   소제기증명원

1. 갑 제4호증   공정증서

1. 납부서

○○○○ 년 ○○ 월 ○○ 일

위 신청인 : ○　○　○　(인)

청주지방법원 충주지원 귀중

강제집행정지신청서

신 청 인 : ○   ○   ○

피 신 청 인 : ○   ○   ○

소송물 가액금	금	20,000,000 원
첨부할 인지액	금	1,000 원
첨부한 인지액	금	1,000 원
납부한 송달료	금	20,800 원
비 고		

대전지방법원 천안지원 귀중

강제집행정지신청서

1.신 청 인

성 명	○ ○ ○	주민등록번호	생략
주 소	천안시 ○○구 ○○로 ○○, ○○○-○○○○호		
직 업	상업	사무실 주 소	생략
전 화	(휴대폰) 010 - 3456 - 0000		
기타사항	이 사건 원고입니다.		

2.피신청인

성 명	○ ○ ○	주민등록번호	생략
주 소	천안시 ○○로 ○○, ○○(○○동)		
직 업	상업	사무실 주 소	생략
전 화	(휴대폰) 010 - 8876 - 0000		
기타사항	이 사건 피고입니다.		

3. 강제집행정지신청서

신청취지

1. 피신청인의 소외 ○○○에 대한 대전지방법원 천안지원 ○○○○가단○○○
   ○호 대여금청구사건에 관한 집행력 있는 판결정본에 의한 강제집행은 신
   청인(원고) ○○○, 피신청인(피고) ○○○ 사이의 제3자이의의 소 판결 선
   고 시까지 이를 정지한다.

라는 판결을 구합니다.

신청이유

1. 신청인은 충청남도 천안시 ○○로 ○○에 있는 아름다운마을이라는 상호로
   식당을 경영하는 자인데, 피신청인이 ○○○○. ○○. ○○. 소외 ○○○에
   대한 대전지방법원 천안지원 ○○○○가단○○○○호 대여금청구사건에 관
   한 집행력 있는 판결정본에 의하여 별지목록 표시의 물건을 강제집행 한
   사실이 있습니다.

2. 그런데 위의 강제집행 한 별지목록 표시의 물건은 신청인이 ○○○○. ○
   ○. ○○. 전경영자 소외 ○○○로부터 금 20,000,000원에 매수한 신청인
   (원고)의 소유물이므로 피신청인(피고)이 소외 ○○○의 소유물인 것으로 착
   각한 이 사건 강제집행은 부당합니다.

3. 제3자이의의 소제기

   이에 신청인은 피신청인을 상대로 대전지방법원 천안지원에 ○○○○가단○○
   ○○호로 제3자이의의 소를 제기하였습니다.

4. 잠정처분의 신청

　따라서 신청인은 민사집행법 제44조, 제46조에 의하여 잠정처분으로서 위 제
3자이의의 소 사건의 제1심 판결 선고 일까지 위 강제집행의 정지를 구하기
위하여 이 사건 신청에 이르게 되었습니다.

소명자료 및 첨부서류

1. 갑 제1호증   시설물매매계약서

1. 갑 제2호증   영수증

1. 갑 제3호증   압류조서등본

1. 갑 제4호증   소제기증명원

1. 물건 목록

○○○○ 년 ○○ 월 ○○ 일

위 신청인 : ○   ○   ○   (인)

대전지방법원 천안지원 귀중

▣ 편 저 대한법률콘텐츠연구회 ▣

(연구회 발행도서)

· 지급명령 이의신청서 답변서 작성방법
· 새로운 고소장 작성방법 고소하는 방법
· 민사소송 준비서면 작성방법
· 형사사건 탄원서 작성 방법
· 형사사건 양형자료 반성문 작성방법
· 공소장 공소사실 의견서 작성방법
· 불기소처분 고등법원 재정신청서 작성방법
· 불 송치 결정 이의신청서 재수사요청

청구이의 제3자이의 집행력 배제 강제집행정지 실무 지침서

청구이의의 소 강제집행정지 제3자이의의 소

2024년 03월 20일 인쇄
2024년 03월 25일 발행

편 저 대한법률콘텐츠연구회
발행인 김현호
발행처 법문북스
공급처 법률미디어

주소 서울 구로구 경인로 54길4(구로동 636-62)
전화 02)2636-2911~2, 팩스 02)2636-3012
홈페이지 www.lawb.co.kr

등록일자 1979년 8월 27일
등록번호 제5-22호

ISBN 979-11-93350-31-7(13360)

정가 24,000원